大方廣佛華嚴經 寫經

40

🏵 일러두기

1. 『사경본 한글역 대방광불화엄경』은 『독송본 한문·한글역 대방광불화엄경』에 수록된 한글역을 사경하는 데 편의를 도모하기 위해 편집을 달리하여 간행한 것이다.

2. 『독송본 한문·한글역 대방광불화엄경』은 실차난타가 한역(695~699)한 80권 『대방광불화엄경』의 한문 원문과 한글역을 함께 수록한 것이다. 한문 저본은 고종 2년(1865) 월정사에서 인경한 고려대장경 『대방광불화엄경』이다.

3. 한글 번역은 동국역경원에서 발간한 한글 『대방광불화엄경』(운허)을 중심으로 하고 『신화엄경합론』(탄허)과 『대방광불화엄경 강설』(여천무비) 그리고 최근의 여타 번역본 등을 참조하였다.

4. 한글 번역은 독송과 사경을 위하여 정확성과 아울러 가독성을 고려하였다. 극존칭은 부처님과 불경계에 대해서만 사용하였다.

5. 사경본의 차례는 일러두기 → 한글역 본문 → 화엄경 목차 → 간행사이며 80권 『대방광불화엄경』의 권별 목차 순으로 독송본과 함께 간행한다. (법공양판에는 간행사 다음에 간행불사 동참자를 밝혀 두었다.)

사경본 한글역
대방광불화엄경 제40권

27. 십정품 [1]

수미해주

대방광불화엄경 제40권 변상도

대방광불화엄경
제40권

27. 십정품 [1]

_____은(는) 『대방광불화엄경』을
사경하는 인연공덕으로
『화엄경』이 널리 유통되고
우리 모두 다함께 보리 이루기를 발원하옵니다.

대방광불화엄경
제40권

27. 십정품 [1]

그때에 세존께서 마갈제국의 아란야법 보리도량에서 비로소 정각을 이루시고, 보광명전에서 찰나제제불삼매에 드시었다.

일체지 자체의 신통한 힘으로 여래의 몸을 나타내시니 청정하여 걸림이 없으며, 의지할 데가 없고 반연할 것이 없으며, 사마타에 머물러 가장 지극히 적정하며, 큰 위덕을 갖추고 물들어 집착하는 바가 없으며, 능히 보는 자로 하여금 모두 깨달음을 얻게 하며, 마땅함을 따라 출현하여 시기를 잃지 아니하며, 항상 한 모양에 머무르시니 이른바 모양 없는 것이었다.

열 부처님 세계의 미세한 티끌 수의 보살마하살과 함께 계시었으니,

모두 관정의 지위에 들어가 보살의 행을 갖추지 아니함이 없었다. 법계와 평등하여 한량없고 가없으며, 모든 보살들의 널리 보는 삼매를 얻고, 대비로 일체 중생을 안온케 하였다.

신통이 자재하여 여래와 같으며, 지혜에 깊이 들어가 진실한 이치를 연설하며, 일체지를 갖추어 온갖 마군을 항복 받으며, 비록 세간에 들어갔으나 마음은 항상 적정하며, 보살의 머무름 없는 해탈에 머물렀다.

그 이름은 금강혜 보살과 무등혜 보살과 의어혜 보살과 최승혜 보살과 상사혜 보살과 나가혜 보살과 성취혜 보살과 조순혜 보살과 대력혜 보살과 난사혜 보살이다.

무애혜 보살과 증상혜 보살과 보공혜 보살과 여리혜 보살과 선교혜 보살과 법자재혜 보살과 법혜 보살과 적정혜 보살과 허공혜 보살과 일상혜 보살이다.

선혜 보살과 여환혜 보살과 광대혜 보살과 세력혜 보살과 세간혜 보살과 불지혜 보살과 진실혜 보살과 존승혜 보살과 지광혜 보살과 무변혜 보살이다.

염장엄 보살과 달공제 보살과 성장엄 보살과 심심경 보살과 선해처비처 보살과 대광명 보살과 상광명 보살과 요불종 보살과 심왕 보살과 일행 보살이다.

상현신통 보살과 지혜아 보살과 공덕처 보살과 법등 보살과 조세 보살과 지세 보살과 최안은 보살과 최상 보살과 무상 보살과 무비 보살이다.

초륜 보살과 무애행 보살과 광명염 보살과 월광 보살과 일진 보살과 견고행 보살과 주법우 보살과 최승당 보살과 보장엄 보살과 지안 보살이다.

법안 보살과 혜운 보살과 총지왕 보살과 무주원 보살과 지장 보살과 심왕 보살과 내각혜 보살과 주불지 보살과 다라니용건력 보살과 지지력 보살이다.

묘월 보살과 수미정 보살과 보정 보

살과 보광조 보살과 위덕왕 보살과 지혜륜 보살과 대위덕 보살과 대용상 보살과 질직행 보살과 불퇴전 보살이다.

지법당 보살과 무망실 보살과 섭제취 보살과 부사의결정혜 보살과 유희무변지 보살과 무진묘법장 보살과 지일 보살과 법일 보살과 지장 보살과 지택 보살이다.

보견 보살과 불공견 보살과 금강통 보살과 금강지 보살과 금강염 보살과 금강혜 보살과 보안 보살과 불일 보살과 지불금강비밀의 보살과 보안 경계지장엄 보살이다.

　이와 같은 등 보살마하살이 열 부처님 세계의 미세한 티끌 수이니, 지난 옛적에 모두 비로자나 여래와 함께 보살의 모든 선근의 행을 같이 닦았다.

　그때에 보안 보살마하살이 부처님의 위신력을 받들어 자리에서 일어나 오른 어깨를 드러내고 오른 무릎을 땅에 대고 합장하여 부처님께 말씀드렸다. "세존이시여, 제가 여래 응정등각께 여쭈려 합니다. 원컨대 어여삐 여겨 허락하여 주십시오."

부처님께서 말씀하셨다. "보안이여, 그대 마음대로 묻도록 하라. 내가 마땅히 그대를 위해 설하여 그대의 마음을 기쁘게 해 주리라."

보안 보살이 말씀드렸다.

"세존이시여, 보현 보살과 보현이 지닌 행원에 머무르는 모든 보살 대중들이 얼마만큼 삼매의 해탈을 성취하여서, 보살의 모든 큰 삼매에 혹은 들어가고 혹은 나오며 혹은 때로 편안히 머무르기도 합니까? 보살의 불가사의한 넓고 큰 삼매에 잘 들어가고 나오는 까닭으로 능히 일체 삼매에 자재하며 신통 변화가 쉬지 않는 것입니까?"

부처님께서 말씀하셨다.

"훌륭하도다. 보안이여, 그대가 과거와 미래와 현재의 모든 보살 대중들을 이익케 하기 위하여 이런 이치를 묻는구나.

보안이여, 보현 보살이 지금 여기에 있다. 이미 불가사의한 자재한 신통을 능히 성취하여 일체 모든 보살의 위를 벗어나서 만나기 어려우며, 한량없는 보살의 행으로부터 나와서 보살의 큰 원이 모두 이미 청정하며, 수행하는 행이 모두 물러남이 없다.

한량없는 바라밀문과 걸림 없는 다라니문과 다함없는 변재의 문을 모두 다 이미 얻어서 청정하여 걸림이 없으며, 대비로 일체 중생을 이익케 하되, 본래의 원력으로 미래제가 다 하도록 싫어하거나 게으름이 없다.

그대는 응당 그에게 청하라. 그가 마땅히 그대를 위하여 그 삼매의 자재한 해탈을 설하리라."

그때에 모임 가운데 모든 보살 대중들이 보현의 이름을 듣고 곧바로 불가사의하고 한량없는 삼매를 얻었다.

그 마음이 걸림 없고 고요하여 움직이지 아니하며, 지혜가 광대하여 헤아리기 어렵고, 경계가 매우 깊어서 능히 더불어 같을 이가 없었다.

그 자리에서 수없는 모든 부처님을 다 친견하며 여래의 힘을 얻고 여래의 성품과 같으며, 과거와 미래와 현재를 밝게 비추지 않음이 없으며, 있는 바 복덕이 끝까지 다함이 없으며, 일체 신통을 모두 이미 구족하였다.

그 모든 보살들이 보현의 처소에서 존중하는 마음을 내어 우러르며 친견하고자 하여 모두 대중모임을 두루 관찰하였으나 끝내 보지 못하고 또한 그 앉은 자리도 보지 못하였다.

이것은 여래의 위신력으로 가지한 바이며, 또한 보현의 신통이 자재하여 그렇게 되었을 뿐이다.

그때에 보안 보살이 부처님께 여쭈었다. "세존이시여, 보현 보살이 지금 어디 있습니까?"

부처님께서 말씀하셨다. "보안이여, 보현 보살은 지금 이 도량에 모인 대중 가운데서 나에게 가까이 머물러 처음부터 이동하지 않았다."

이때에 보안과 모든 보살들이 또다시 도량에 모인 대중들을 관찰하면서 두루 찾다가 부처님께 여쭈었다.

"세존이시여, 저희들이 지금도 오히려 보현 보살의 그 몸과 자리를 아직 보지 못하였습니다."

부처님께서 말씀하셨다.

"그러하다. 선남자들이여, 그대들이 무슨 까닭으로 보지 못하는가? 선남자들이여, 보현 보살의 머무르는 곳이 매우 깊어서 말할 수 없는 까닭이다.

보현 보살이 가없는 지혜의 문을 얻었고, 사자분신정에 들었으며, 위없는 자재한 작용을 얻어 청정하고 걸림 없는 경계에 들어갔다.

여래의 열 가지 힘을 내어 법계장으로 몸을 삼았으며, 일체 여래께서 함께 호념하시는 바로 한 생각 사이에 삼세 모든 부처님의 차별 없는 지혜를 모두 능히 증득하였다. 그러므로 그대들이 볼 수 없을 뿐이다."

그때에 보안 보살이 여래께서 보현

보살의 청정한 공덕을 설하심을 듣고 십천 아승지 삼매를 얻었다.

삼매의 힘으로 다시 두루 관찰하고 우러르며 보현 보살을 보려 하였으나 또한 볼 수 없었고, 그 외의 일체 모든 보살 대중들도 모두 또한 보지 못하였다.

그때에 보안 보살이 삼매에서 일어나 부처님께 여쭈었다. "세존이시여, 제가 이미 십천 아승지 삼매에 들어가서 보현을 보려 하였으나 끝내 보지 못하였습니다. 그 몸과 몸의 업과, 말과 말의 업과, 뜻과 뜻의 업을 보지 못하였으며, 자리와 머무르는 곳을 모두 다 보지 못하였습니다."

부처님께서 말씀하셨다.

"그러하다. 그러하다. 선남자여, 마땅히 알아라. 모두 보현 보살이 부사의한 해탈에 머무른 힘이다.

보안이여, 그대의 생각은 어떠한가? 어떤 사람이 환술로 만든 문자 중의 갖가지 환의 모양이 머무른 곳을 말할 수 있겠는가?"

대답하여 말씀드렸다. "말할 수 없

습니다."

부처님께서 말씀하셨다.

"보안이여, 환 중의 환의 모양도 오히려 말할 수 없는데, 어찌 하물며 보현 보살의 비밀한 몸의 경계와 비밀한 말의 경계와 비밀한 뜻의 경계 그 가운데 들어갈 수 있으며 볼 수 있겠는가?

무슨 까닭인가? 보현 보살의 경계는 매우 깊어서 불가사의하며, 한량이 없으며, 이미 한량을 초과하였다.

중요한 점을 들어 말한다면 보현

보살은 금강의 지혜로 법계에 널리 들어가서 일체 세계에 갈 곳도 없고 머무를 곳도 없으며, 일체 중생의 몸이 모두 곧 몸이 아님을 알며, 감도 없고 옴도 없으며, 끊어져 다함도 없으며, 차별도 없으며, 신통이 자재하며, 의지함도 없고 지음도 없으며, 옮겨감도 없으나, 법계 구경의 끝까지 이른다.

선남자여, 만약 어떤 이가 보현 보살을 보거나, 받들어 섬기거나, 이름을 듣거나, 사유하거나, 기억하거나, 믿고 이해하거나, 부지런히 관찰하거나, 비로소 향하여 나아가거나, 바르게 찾아 구하거나, 서원을 일으켜 계속하여 끊이지 않으면, 모두 이익을 얻게 되어 헛되이 지냄이 없을 것이다."

그때에 보안과 그리고 일체 보살 대중이 보현 보살에게 우러르는 마음을 내고 보기를 원하여 이와 같이 말하기를 "일체 모든 부처님께 귀의합니다. 보현 보살에게 귀의합니다."라고 하며, 이와 같이 세 번 일컫고 머리 숙여 예경하였다.

그때에 부처님께서 보안 보살과 모든 모인 대중들에게 말씀하셨다.

"모든 불자들이여, 그대들은 마땅히 다시 보현 보살에게 예경하고 은근하게 구하고 청하도록 하라.

또 응당 오로지 지성으로 시방을 관찰하고 보현의 몸이 그 앞에 나타나 있다고 생각하며, 이와 같이 사유하여 법계에 두루하되 깊은 마음으로 믿고 이해하여 일체를 싫어하여 여의며, 맹세코 보현과 더불어 행원이 동일하여 둘이 아닌 진실한 법에 들어가며, 그 몸이 일체 세간에 널리 나타나서 중생들의 모든 근기의 차별을 다 알고, 일체 처에 두루하여 보현의 도를 모으도록 하라. 만약 이와 같은 대원을 능히 일으키면 곧 마땅히 보현 보살을 보게 되리라."

이때에 보안이 부처님의 이 말씀을 듣고 모든 보살들과 더불어 동시에 정례하고 보현 대사 보기를 구하고 청하였다.

그때에 보현 보살이 곧 해탈과 신통의 힘으로 그 응할 바대로 색신을 나타내어 저 일체 모든 보살 대중들로 하여금 모두 보현이 여래를 친근하여 이 일체 보살 대중 가운데서 연화좌에 앉아있음을 보며, 또 다른 일체 세계의 일체 부처님 처소에서 그로부터 차례로 계속하여 오는 것을 보며, 또 저 일체 부처님 처소에서 일체 모든 보살행을 연설하고 일체지의 지혜의 도를 열어 보이고 일체 보살의 신통을 드러내 밝히고 일체 보살의 위덕을 분별하고 일체 삼세 모든 부처님을 나타내 보임을 보게 하였다.

이때에 보안 보살과 그리고 일체 보살 대중이 이 신통 변화를 보고 그 마음이 기뻐 뛰며 크게 환희하여 보현 보살에게 정례하며 존중하는 마음을 내기를, 시방의 일체 모든 부처님을 친견하듯이 하였다.

이때에 부처님의 큰 위신력과, 모든 보살들의 믿고 이해하는 힘과, 보현 보살의 본원의 힘으로 자연히 십천 가지 구름을 비내렸다.

이른바 갖가지 꽃 구름과, 갖가지 화만 구름과, 갖가지 향 구름과, 갖가지 가루향 구름과, 갖가지 일산 구름과, 갖가지 옷 구름과, 갖가지 장엄구 구름과, 갖가지 보배 구름과, 갖가지 사르는 향 구름과, 갖가지 비단 구름이었다.

말할 수 없는 세계가 여섯 가지로 진동하며 하늘의 음악을 연주하니 그 소리가 멀리까지 들렸다.

말할 수 없는 세계에 큰 광명을 놓

으니 그 광명이 말할 수 없는 세계를 널리 비추어 삼악취가 모두 멸하여 없어지게 하며, 말할 수 없는 세계를 깨끗이 장엄하며, 말할 수 없는 보살들이 보현의 행에 들어가며, 말할 수 없는 보살들이 보현의 행을 이루며, 말할 수 없는 보살들이 보현의 행원에 다 원만함을 얻어서 아뇩다라삼먁삼보리를 이루게 하였다.

그때에 보안 보살이 부처님께 여쭈었다.

"세존이시여, 보현 보살은 큰 위덕

에 머무른 자이며, 같음이 없음에 머무른 자이며, 지나갈 이 없음에 머무른 자이며, 물러나지 않음에 머무른 자이며, 평등함에 머무른 자입니다.

무너지지 않음에 머무른 자이며, 일체 차별한 법에 머무른 자이며, 일체 차별이 없는 법에 머무른 자이며, 일체 중생이 공교한 마음으로 머무르는 바에 머무른 자이며, 일체 법에 자재한 해탈과 삼매에 머무른 자입니다."

부처님께서 말씀하셨다.

"그러하다. 그러하다. 보안이여, 그

대가 말한 바와 같이 보현 보살은 아승지의 청정한 공덕이 있다.

 이른바 같음이 없는 장엄 공덕과, 한량없는 보배 공덕과, 부사의한 바다 공덕과, 한량없는 상호 공덕과, 가없는 구름 공덕과, 가없어서 칭찬할 수 없는 공덕과, 다함이 없는 법의 공덕과, 말할 수 없는 공덕과, 일체 부처님의 공덕과, 칭양과 찬탄으로 다할 수 없는 공덕이다."

 그때에 여래께서 보현 보살에게 말

씀하셨다.

"보현이여, 그대는 응당 보안과 그리고 이 모임 가운데 모든 보살 대중들을 위하여 열 가지 큰 삼매를 설하여 잘 들어감을 얻어서 보현에게 있는 바 행원을 원만히 이루게 하도록 하라.

모든 보살마하살들이 이 열 가지 큰 삼매를 설하는 까닭으로 과거 보살들은 이미 벗어났고, 현재 보살들은 지금 벗어나며, 미래 보살들은 장차 벗어나게 한다.

무엇이 열인가?

하나는 넓은 광명 큰 삼매이다. 둘은 묘한 광명 큰 삼매이다. 셋은 차례로 모든 부처님 국토에 두루 가는 큰 삼매이다. 넷은 청정하고 깊은 마음으로 행하는 큰 삼매이다. 다섯은 과거의 장엄한 창고를 아는 큰 삼매이다.

여섯은 지혜 광명 창고의 큰 삼매이다. 일곱은 일체 세계의 부처님 장엄을 분명히 아는 큰 삼매이다. 여덟은 중생의 차별한 몸의 큰 삼매이다. 아홉은 법계에 자재하는 큰 삼매이다. 열은 걸림이 없는 바퀴의 큰 삼매이다.

이 열 가지 큰 삼매는 모든 큰 보살들이 능히 잘 들어갔으며, 과거와 미래와 현재의 일체 모든 부처님께서 이미 설하셨고, 장차 설하실 것이며, 지금 설하신다.

만약 모든 보살들이 좋아하고 존중하여 닦아 익히고 게으르지 아니하면 곧 성취하게 될 것이니, 이와 같은 사람을 곧 부처라 이름하며, 곧 여래라 이름하며, 또한 열 가지 힘을 얻은 사람이라 이름하며, 또한 도사라 이름하며, 또한 대도사라 이름하며, 또한 일체지라 이름하며, 또한 일체를 보는 이라 이름하며, 또한 걸림 없음에 머무른 이라 이름하며, 또한 모든 경계를 통달한 이라 이름하며, 또한 일체 법에 자재한 이라 이름한다.

이 보살은 일체 세계에 널리 들어

가되 세계에 집착하는 바가 없으며, 일체 중생계에 널리 들어가되 중생에게 취하는 바가 없으며, 일체 몸에 널리 들어가되 몸에 걸리는 바가 없으며, 일체 법계에 널리 들어가되 법계가 끝이 없음을 안다.

삼세의 일체 부처님을 친근하며, 일체 모든 부처님 법을 분명히 보며, 일체 문자를 교묘하게 말하며, 일체 거짓 이름을 밝게 통달하며, 일체 보살의 청정한 도를 성취하며, 일체 보살의 차별한 행에 편안히 머무른다.

한 생각 가운데 일체 삼세의 지혜를 널리 얻으며, 일체 삼세의 법을 널리 알며, 일체 모든 부처님의 가르침을 널리 설하며, 일체 물러나지 않는 바퀴를 널리 굴리며, 과거와 미래와 현재의 낱낱 세상에 일체 보리의 도를 널리 증득하며, 이 낱낱 보리 가운데 일체 부처님의 설하신 바를 널리 안다.

이것은 모든 보살들의 법상의 문이며, 모든 보살들의 지혜로 깨닫는 문이며, 일체종지의 이길 이 없는 당기의 문이며, 보현 보살의 모든 행원의 문이며, 용맹하고 날카로운 신통과 서원의 문이다.

일체를 다 지닌 변재의 문이며, 삼세 모든 법의 차별한 문이며, 일체 모든 부처님께서 나타내 보이시는 문이며, 살바야로 일체 중생을 안립하는 문이며, 부처님의 위신력으로 일체 세계를 청정하게 장엄하는 문이다.

만약 보살이 이 삼매에 들어가면 법계의 힘을 얻어 끝까지 다함이 없으며, 허공같이 행함을 얻어 장애가 없으며, 법왕의 지위를 얻어 한량없이 자재함이 마치 세간에서 관정하여 직위를 받음과 같다.

가없는 지혜를 얻어 일체를 통달하며, 광대한 힘을 얻어 열 가지가 원만하며, 다툼이 없는 마음을 이루어 적멸한 경계에 들어가며, 대비로 두려움 없음이 마치 사자와 같으며, 지혜 있는 장부가 되어 바른 법의 밝은 등불을 켜며, 일체 공덕을 찬탄함이 다할 수 없으니, 성문과 독각은 능히

사의하지 못한다.

 법계의 지혜를 얻어 흔들림이 없는 경계에 머무르되 능히 세속을 따라서 갖가지로 열어 펴며, 모양 없음에 머무르되 법의 모양에 잘 들어가며, 자성의 청정한 창고를 얻어 여래의 청정한 가문에 태어나며, 갖가지 차별한 법문을 잘 열되 지혜로써 있는 바가 없음을 안다.

 시기를 잘 알아서 항상 법으로 보시함을 행하며, 일체를 깨우쳐서 지혜 있는 자라 이름하며, 중생들을 널리 거두어 모두 청정하게 하며, 방편의 지혜로 부처님의 도를 이룸을 보이되 항상 보살의 행을 닦아 행하여 끊어져 다함이 없으며, 일체지의 방편 경계에 들어가서 갖가지 광대한 신통을 나타내 보인다.

　그러므로 보현이여, 그대는 이제 응당 일체 보살의 열 가지 큰 삼매를 분별해서 널리 설하도록 하라. 지금 여기 모인 대중들이 모두 다 듣기를 원한다."

이때에 보현 보살이 여래의 뜻을 받들어 보안 등 모든 보살 대중들을 살펴보고 말하였다.

"불자들이여, 어떤 것을 보살마하살의 넓은 광명 삼매라 하는가?

불자들이여, 이 보살마하살이 열 가지 다함이 없는 법이 있다.

무엇이 열인가?

이른바 모든 부처님의 출현하시는 지혜가 다함이 없고, 중생들의 변화하는 지혜가 다함이 없고, 세계를 그림자같이 여기는 지혜가 다함이 없고, 법계에 깊이 들어가는 지혜가 다함이 없고, 보살들을 잘 거두는 지혜가 다함이 없다.

보살의 물러나지 않는 지혜가 다함이 없고, 일체 법의 뜻을 잘 관찰하는 지혜가 다함이 없고, 마음의 힘을 잘 가지는 지혜가 다함이 없고, 광대한 보리심에 머무르는 지혜가 다함이 없고, 일체 불법과 일체 지혜와 원력에 머무르는 지혜가 다함이 없다.

불자들이여, 이것을 보살마하살의

열 가지 다함이 없는 법이라고 이름한다.

불자들이여, 이 보살마하살은 열 가지 가없는 마음을 낸다.
무엇이 열인가?
이른바 일체 중생을 제도하여 해탈시키려는 가없는 마음을 내고, 일체 모든 부처님을 받들어 섬기려는 가없는 마음을 내고, 일체 모든 부처님께 공양올리려는 가없는 마음을 낸다.

일체 모든 부처님을 널리 친견하려는 가없는 마음을 내고, 일체 부처님의 법을 받아 지니어 잊지 않으려는 가없는 마음을 내고, 일체 부처님의 한량없는 신통 변화를 나타내 보이려는 가없는 마음을 낸다.

부처님의 힘을 얻기 위하여 일체 보리의 행을 버리지 않으려는 가없는 마음을 내고, 일체지의 미세한 경계에 널리 들어가서 일체 부처님 법을 설하려는 가없는 마음을 내고, 부처님의 부사의하고 광대한 경계에 널리 들어가려는 가없는 마음을 낸다.

부처님의 변재에 깊이 좋아하는 마음을 일으켜 모든 부처님의 법을 받으려는 가없는 마음을 내고, 갖가지 자재한 몸을 나타내 보여 일체 여래 도량의 대중모임에 들어가려는 가없는 마음을 내는 것이니, 이것이 열이다.

불자들이여, 이 보살마하살이 열 가지의 삼매에 들어가는 차별한 지혜가 있다.

무엇이 열인가?

이른바 동방에서 정에 들어가 서방에서 일어나고, 서방에서 정에 들어가 동방에서 일어나고, 남방에서 정에 들어가 북방에서 일어나고, 북방에서 정에 들어가 남방에서 일어난다.

동북방에서 정에 들어가 서남방에서 일어나고, 서남방에서 정에 들어가 동북방에서 일어나고, 서북방에서 정에 들어가 동남방에서 일어나고, 동남방에서 정에 들어가 서북방에서 일어난다.

　하방에서 정에 들어가 상방에서 일어나고, 상방에서 정에 들어가 하방에서 일어나니, 이것이 열이다.

　불자들이여, 이 보살마하살이 열 가지의 큰 삼매에 들어가는 선교 지혜가 있다.

　무엇이 열인가?

　불자들이여, 보살마하살이 삼천대천세계로 한 연꽃을 삼고, 이 연꽃 위에 두루 몸을 나타내어 결가부좌

하며, 몸속에 다시 삼천대천세계를 나타낸다.

그 가운데 백억 사천하가 있고, 낱낱 사천하에 백억의 몸을 나타내고, 낱낱 몸이 백억씩 백억의 삼천대천세계에 들어가며, 저 세계의 낱낱 사천하에서 백억씩 백억의 보살이 수행함을 나타낸다.

낱낱 보살의 수행에 백억씩 백억의 결정한 이해를 내며, 낱낱 결정한 이해에 백억씩 백억의 근성을 원만하게 하며, 낱낱 근성에 백억씩 백억의 보살의 법에서 물러나지 않는 업을 이루게 한다.

그러나 나타내는 몸은 하나도 아니고 여럿도 아니며, 정에 들고 정에서 나오는 것도 어수선함이 없다.

불자들이여, 라후 아수라왕의 본래 몸의 길이가 칠백 유순인데 변화한 형상의 길이는 십육만 팔천 유순이니, 큰 바다 속에서 그 몸의 반만 드러내도 수미산 높이와 같다.

불자들이여, 저 아수라왕이 비록 그 몸을 변화하여 길이가 십육만 팔천 유순이 되었지만, 그러나 또한 본래 몸의 모습을 무너뜨리지 않고 모든 온과 계와 처도 모두 다 본래와 같아서 마음이 어수선하지 않다.

변화한 몸에 대하여 다른 이라는 생각을 내지 않고, 그 본래 몸에 대하여 자기가 아니라는 생각도 내지 않으며, 본래 태어난 몸은 항상 모든 즐거움을 받고, 변화한 몸은 항상 갖가지 자재한 신통과 위력을 나타낸다.

불자들이여, 아수라왕은 탐욕과

성냄과 어리석음이 있고 교만을 갖추고도 오히려 능히 이와 같이 그 몸을 변화하여 나타내는데, 어찌 하물며 보살마하살이 마음의 법이 환과 같고 일체 세간이 모두 다 꿈과 같고 일체 모든 부처님께서 세상에 출현하심이 다 영상과 같고 일체 세계가 마치 변화한 것과 같고 언어와 음성이 모두 다 메아리와 같음을 능히 깊이 요달하며, 여실한 법을 보고 여실한 법으로 그 몸을 삼으며, 일체 법의 본성이 청정함을 알며, 몸과 마음이 실체가 없음을 분명히 알아서 그 몸이 한량없는 경계에 널리 머무르며, 부처님 지혜의 광대한 광명으로 일체 보리의 행을 청정하게 닦음이겠는가?

불자들이여, 보살마하살이 이 삼매에 머무름에 세간을 초월하고 세간을 멀리 떠나서, 미혹하여 어지럽게 할 수 없고 덮어 가릴 수도 없다.

불자들이여, 비유하면 비구가 몸속을 관찰하여 부정관에 머무르면 그 몸이 모두 깨끗하지 못함을 자세히 보게 됨과 같이, 보살마하살도 또한 다시 이와 같아서, 이 삼매에 머물러 법의 몸을 관찰함에 모든 세간이 그 몸에 널리 들어감을 보고, 그 가운데서 일체 세간과 세간의 법을 밝게 보되 모든 세간과 세간의 법에 다 집착하는 바가 없다.

불자들이여, 이것을 이름하여 보살마하살의 첫째 '넓은 광명 큰 삼매의 선교 지혜'라 한다.

불자들이여, 어떤 것을 보살마하살의 묘한 광명 삼매라 하는가?

불자들이여, 이 보살마하살이 삼천대천세계 미진수의 삼천대천세계에 능히 들어가고, 낱낱 세계에서 삼천대천세계 미진수의 몸을 나타내고, 낱낱 몸에서 삼천대천세계 미진수의 광명을 놓고, 낱낱 광명에서 삼천대천세계 미진수의 색을 나타내고, 낱낱 색에서 삼천대천세계 미진수의 세계를 비추고, 낱낱 세계 가운데 삼천대천세계 미진수의 중생들을 조복한다. 이 모든 세계가 갖가지로 같지 않음을 보살이 모두 안다.

이른바 세계의 잡되고 물듦과, 세계의 청정과, 세계의 원인과, 세계의 건립과, 세계의 함께 머무름과, 세계의 빛과, 세계가 오고가는 이러한 일체를 보살이 다 알고 보살이 다 들어간다.

이 모든 세계도 또한 모두 보살의 몸에 들어온다. 그러나 모든 세계가 잡되거나 어지럽지 않고, 갖가지 모든 법도 또한 파괴되어 없어지지 아니한다.

　불자들이여, 비유하면 해가 떠서 수미산을 돌아 칠보산을 비추면 그 일곱 보산과 보산 사이에 모두 빛 그림자가 있어서 분명하게 나타남과 같다.

　그 보산 위에 있는 해 그림자가 산 사이의 그림자 가운데 나타나지 않음이 없으며, 그 칠산 사이에 있는 해 그림자도 또한 모두 산 위의 그림자 가운데 나타난다. 이와 같이 서로 서로 겹겹이 그림자가 나타난다.

 혹은 해 그림자가 일곱 보산에서 나온다고 말하고, 혹은 해 그림자가 칠산 사이에서 나온다고 말하고, 혹은 해 그림자가 일곱 보산에 들어간다고 말하고, 혹은 해 그림자가 칠산 사이에 들어간다고 말한다.

 단지 이 해 그림자는 다시 서로 비추고 나타내어 끝이 없다. 자체 성품은 있는 것도 아니고 또한 다시 없는 것도 아니다. 산에 머무르지도 않고 산을 떠나지도 않으며, 물에 머무르지도 않고 또한 물을 떠나지도 아니한다.

불자들이여, 보살마하살도 또한 다시 이와 같아서, 이 묘한 광명 넓고 큰 삼매에 머무르면 세간의 안립된 모습을 무너뜨리지도 않고, 세간의 모든 법의 자성을 없애지도 않으며, 세계의 안에 머무르지도 않고, 세계의 밖에 머무르지도 않는다.

모든 세계에 분별하는 바가 없되 또한 세계의 형상을 무너뜨리지도 않으며, 일체 법이 한 모양이어서 모양이 없음을 관하되 또한 모든 법의 자성을 무너뜨리지도 않으며, 진여의 성품에 머물러서 항상 버리고 여의지 않는다.

불자들이여, 비유하면 마술사가 환술을 잘 알아서 네거리 길에 머물러 모든 환의 일을 짓는 것과 같다.
하루 중에서 잠깐 동안에 혹 하루 낮을 나타내고 혹 하룻밤을 나타내기도 한다. 혹은 다시 칠일 낮과 칠일 밤과 반 달과 한 달과 일 년과 백 년을 나타낸다.

그 하고자 하는 바를 따라서 성읍과 마을과 샘과 냇물과 강과 바다와 해와 달과 구름과 비와 궁전과 가옥을 모두 능히 나타내 보여, 이와 같은 일체를 갖추지 못함이 없다.

나타내 보이는 것이 해를 지나는 까닭으로 그 근본인 하루 한때가 무너지지 아니하며, 본래의 시간이 지극히 짧은 까닭으로 그 나타나는 날과 달과 해가 무너지지 아니하여, 환의 모양이 분명히 나타나되 본래의 날이 없어지지 아니한다.

　보살마하살도 또한 다시 이와 같아서 이 묘한 광명 넓고 큰 삼매에 들어서 아승지 세계가 한 세계에 들어감을 나타낸다.

　그 아승지 세계에 낱낱이 모두 땅과 물과 불과 바람과 큰 바다와 모든 산과 성읍과 마을과 동산과 숲과 가옥과 천궁과 용궁과 야차궁과 건달바궁과 아수라궁과 가루라궁과 긴나라궁과 마후라가궁이 있어 갖가지

장엄이 모두 다 구족하였다.

 욕계와 색계와 무색계와 소천세계와 대천세계에 업과 행의 과보로 여기에서 죽어 저기에서 태어나며, 일체 세간에 있는 시절의 잠깐 동안과 낮과 밤과 반 달과 한 달과 한 해와 백 년과 이루어지는 겁과 무너지는 겁과, 잡되고 물든 국토와 청정한 국토와 광대한 국토와 협소한 국토에, 그 가운데 모든 부처님께서 세상에 출현하시고 부처님 세계가 청정하며, 보살 대중모임이 두루 둘러싸며,

신통이 자재하여 중생을 교화하며, 그 모든 국토의 있는 바 방소에 한량없는 사람들이 모두 다 가득 찼다.

특수한 형상과 다른 갈래의 갖가지 중생들이 한량없고 가없어 불가사의하며, 과거와 미래와 현재의 청정한 업의 힘으로 한량없이 가장 미묘한 보배들을 출생하는, 이와 같은 등의 일을 모두 다 나타내 보여서 한 세계에 들어간다.

보살이 여기에서 널리 다 밝게 보며, 널리 들어가고 널리 살피며, 널리 생각하고 널리 깨달아서, 다함없는 지혜로 모두 사실과 같이 알지만, 저 세계가 많은 까닭으로 이 한 세계를 파괴하지 아니하며, 이 세계가 하나인 까닭으로 저 많은 세계를 파괴하지도 아니한다.

무슨 까닭인가?

보살은 일체 법이 모두 '나'가 없음을 아는 까닭으로 이것을 이름하여 목숨이 없는 법과 지음이 없는 법에 들어간 자라 한다.

보살은 일체 세간에서 다툼이 없는

법을 부지런히 수행한 까닭으로 이것을 이름하여 '나'가 없는 법에 머무른 자라 하며, 보살은 일체 몸이 모두 연으로부터 일어남을 사실대로 보는 까닭으로 이것을 이름하여 중생이 없는 법에 머무른 자라 한다.

보살은 일체 생멸하는 법이 모두 인으로부터 생긴 것임을 아는 까닭으로 이것을 보가라가 없는 법에 머무른 자라 이름하며, 보살은 모든 법의 본성이 평등함을 아는 까닭으로 이것을 뜻대로 남이 없어 마남바가 없는 법에 머무른 자라 이름한다.

보살은 일체 법의 본성이 적정함을 아는 까닭으로 이것을 적정한 법에 머무른 자라 이름하며, 보살은 일체 법이 한 모양임을 아는 까닭으로 이것을 분별이 없는 법에 머무른 자라 이름한다.

보살은 법계에 갖가지 차별한 법이 없음을 아는 까닭으로 이것을 부사의한 법에 머무른 자라 이름하며, 보살은 일체 방편을 부지런히 닦아서 중생들을 잘 조복하는 까닭으로 이것을 대비의 법에 머무른 자라 이름한다.

불자들이여, 보살은 이와 같이 능히 아승지 세계를 한 세계에 들게 하여 수없는 중생들의 갖가지 차별을 알며, 수없는 보살들의 각각 나아감을 보며, 수없는 모든 부처님께서 곳곳에 출현하심을 관하여, 그 모든 여래께서 연설하신 바 법을 그 모든 보살들이 다 능히 받아들이고 또한 자신도 그 가운데서 수행함을 본다.

그러나 이곳을 버리지 아니하고 저기에 있음을 보며, 또한 저곳을 버리지 아니하고 여기에 있음을 본다. 저 몸과 이 몸이 차별이 없어 법계에 들어가는 까닭이며, 항상 부지런히 관찰하고 쉬지 아니하여 지혜를 버리지 않고 물러남이 없는 까닭이다.

마치 어떤 마술사가 한 곳에서 여러 가지 환술을 하되 환술로 만든 땅인 까닭으로 본래의 땅을 무너뜨리지 않으며, 환술로 만든 태양인 까닭으로 본래의 태양을 무너뜨리지 않음과 같다.

보살마하살도 또한 다시 이와 같아서 국토가 없는 데서 국토가 있음을 나타내고, 국토가 있는 데서 국토가 없음을 나타내며, 중생이 있는 데서 중생이 없음을 나타내고, 중생이 없는 데서 중생이 있음을 나타내며, 색이 없는 데서 색을 나타내고, 색이 있는 데서 색이 없음을 나타내지만, 처음이 나중을 어지럽히지도 않고 나중이 처음을 어지럽히지도 않는다.

보살이 일체 세상 법을 분명히 아

는 것도 모두 또한 이와 같아서 환화와 같다. 법이 환임을 아는 까닭으로 지혜가 환임을 알며, 지혜가 환임을 아는 까닭으로 업이 환임을 알며, 지혜가 환이고 업이 환임을 알고는, 환의 지혜를 일으켜서 일체 업을 관한다.

세상의 마술하는 자가 처소 밖에서 그 환술을 나타내지 않고 또한 환술 밖에 그 처소가 있지도 않듯이, 보살마하살도 또한 다시 이와 같아서, 허공 밖에서 세간에 들어오는 것도 아니고 세간 밖에서 허공에 들어가는 것도 아니다.

　무슨 까닭인가?

　허공과 세간이 차별이 없는 까닭으로 세간에 머무르면서 또한 허공에도 머무른다.

　보살마하살이 허공 속에서 일체 세간의 갖가지 차별과 미묘한 장엄의 업을 능히 보고 능히 닦는다. 한 생각 사이에 수없는 세계가 이루어지고 무너짐을 모두 능히 분명히 알며, 또한 모든 겁이 서로 계속되는 차례도 알며, 능히 한 생각에 수없는 겁을 나타내되 또한 그 한 생각을 넓고 크게 한 것도 아니다.

　보살마하살이 부사의한 해탈의 환과 같은 지혜를 얻어서 피안에 이르며, 환의 경계에 머물러서 세상의 환의 수에 들어가며, 모든 법이 모두 다 환과 같음을 사유하여 환인 세상을 어기지 아니하며, 환의 지혜를 다하여 삼세가 환과 더불어 다름이 없음을 분명히 알며, 결정코 통달하여 마음에 끝이 없다.

마치 모든 여래께서 환과 같은 지혜에 머물러 그 마음이 평등하듯이, 보살마하살도 또한 다시 이와 같아서, 모든 세간이 모두 다 환과 같음을 알아 일체 처에 다 집착할 것도 없고 '나의 것'도 없다.

저 마술사가 모든 환술의 일을 지음에 비록 그 환술의 일과 함께 머무르지 않으나 환술의 일에 또한 미혹하지도 않는 것과 같다.

보살마하살도 또한 다시 이와 같아서, 일체 법을 알아서 피안에 이르나 마음은 내가 능히 법에 들어간다고 헤아리지도 아니하고, 또한 법에 어지럽지도 아니한다.

이것이 보살마하살의 둘째 '묘한 광명 큰 삼매의 선교 지혜'이다."

〈대방광불화엄경 제40권〉

회향송

아차보현수승행
무변승복개회향
보원침익제중생
속왕무량광불찰

시방삼세일체불
제존보살마하살
마하반야바라밀

廻向頌

我此普賢殊勝行
無邊勝福皆迴向
普願沈溺諸眾生
速往無量光佛剎

十方三世一切佛
諸尊菩薩摩訶薩
摩訶般若波羅蜜

大方廣佛華嚴經 — 부록

- 대방광불화엄경 목차

- 간행사

대방광불화엄경
목차

⟨제1회⟩

제1권　제1품　세주묘엄품 [1]

제2권　제1품　세주묘엄품 [2]

제3권　제1품　세주묘엄품 [3]

제4권　제1품　세주묘엄품 [4]

제5권　제1품　세주묘엄품 [5]

제6권　제2품　여래현상품

제7권　제3품　보현삼매품

　　　　제4품　세계성취품

제8권　제5품　화장세계품 [1]

제9권　제5품　화장세계품 [2]

제10권　제5품　화장세계품 [3]

제11권　제6품　비로자나품

⟨제2회⟩

제12권　제7품　여래명호품

　　　　제8품　사성제품

제13권　제9품　광명각품

　　　　제10품　보살문명품

제14권　제11품　정행품

　　　　제12품　현수품 [1]

제15권　제12품　현수품 [2]

⟨제3회⟩

제16권　제13품　승수미산정품

　　　　제14품　수미정상게찬품

　　　　제15품　십주품

제17권　제16품　범행품

　　　　제17품　초발심공덕품

제18권　제18품　명법품

〈제4회〉

제19권 제19품 승야마천궁품
　　　　제20품 야마궁중게찬품
　　　　제21품 십행품 [1]
제20권 제21품 십행품 [2]
제21권 제22품 십무진장품

〈제5회〉

제22권 제23품 승도솔천궁품
제23권 제24품 도솔궁중게찬품
　　　　제25품 십회향품 [1]
제24권 제25품 십회향품 [2]
제25권 제25품 십회향품 [3]
제26권 제25품 십회향품 [4]
제27권 제25품 십회향품 [5]
제28권 제25품 십회향품 [6]
제29권 제25품 십회향품 [7]
제30권 제25품 십회향품 [8]
제31권 제25품 십회향품 [9]
제32권 제25품 십회향품 [10]
제33권 제25품 십회향품 [11]

〈제6회〉

제34권 제26품 십지품 [1]
제35권 제26품 십지품 [2]
제36권 제26품 십지품 [3]
제37권 제26품 십지품 [4]
제38권 제26품 십지품 [5]
제39권 제26품 십지품 [6]

〈제7회〉

제40권 제27품 십정품 [1]
제41권 제27품 십정품 [2]
제42권 제27품 십정품 [3]
제43권 제27품 십정품 [4]
제44권 제28품 십통품
　　　　제29품 십인품
제45권 제30품 아승지품
　　　　제31품 수량품
　　　　제32품 제보살주처품
제46권 제33품 불부사의법품 [1]
제47권 제33품 불부사의법품 [2]

제48권 제34품 여래십신상해품	제63권 제39품 입법계품 [4]
제35품 여래수호광명공덕품	제64권 제39품 입법계품 [5]
제49권 제36품 보현행품	제65권 제39품 입법계품 [6]
제50권 제37품 여래출현품 [1]	제66권 제39품 입법계품 [7]
제51권 제37품 여래출현품 [2]	제67권 제39품 입법계품 [8]
제52권 제37품 여래출현품 [3]	제68권 제39품 입법계품 [9]
	제69권 제39품 입법계품 [10]
〈제8회〉	제70권 제39품 입법계품 [11]
제53권 제38품 이세간품 [1]	제71권 제39품 입법계품 [12]
제54권 제38품 이세간품 [2]	제72권 제39품 입법계품 [13]
제55권 제38품 이세간품 [3]	제73권 제39품 입법계품 [14]
제56권 제38품 이세간품 [4]	제74권 제39품 입법계품 [15]
제57권 제38품 이세간품 [5]	제75권 제39품 입법계품 [16]
제58권 제38품 이세간품 [6]	제76권 제39품 입법계품 [17]
제59권 제38품 이세간품 [7]	제77권 제39품 입법계품 [18]
	제78권 제39품 입법계품 [19]
〈제9회〉	제79권 제39품 입법계품 [20]
제60권 제39품 입법계품 [1]	제80권 제39품 입법계품 [21]
제61권 제39품 입법계품 [2]	
제62권 제39품 입법계품 [3]	

간행사

  귀의삼보 하옵고,

  『대방광불화엄경』의 수지 독송과 유통을 발원하면서 수미정사 불전연구원에서 『독송본 한문·한글역 대방광불화엄경』과 『사경본 한글역 대방광불화엄경』을 편찬하여 간행하게 되었습니다.

  『화엄경』은 우리나라에 전래된 이래 일찍부터 사경되고 주석·강설되어 왔으며 근현대에 이르러서는 『화엄경』의 한글 번역과 연구도 부쩍 많이 이루어졌습니다. 그만큼 『화엄경』이 우리 불자님들의 신행과 해탈에 큰 의지처가 되었던 것임을 알 수 있습니다.

  『화엄경』을 독송하고 사경하는 공덕은 설법 공덕과 함께 크게 강조되어 왔습니다. 그리하여 수미정사 불전연구원에서도 『화엄경』(80권)을 독송하고 사경하는 데 도움이 되도록 한문 원문과 한글역을 함께 수록한 독송본과 한글역의 사경본 『화엄경』 간행불사를 발원하였습니다. 이 『화엄경』 간행불사에 뜻을 같이하여 적극 후원해주신 스님들과 재가 불자님들께 깊이 감사드립니다. 또한 『화엄경』을 수지 독송할 수 있도록 경책의 모습으로 장엄해 주신 편집위원들과 담앤북스 출판사 관계자들께도 고마움을 표합니다.

  끝으로 이 불사의 원만 회향으로 『화엄경』이 널리 유통되고, 온 법계에 부처님의 가피가 충만하시길 기원드립니다.

  나무 대방광불화엄경

불기 2564년 '부처님오신날'을 봉축하며
수미해주 합장

위태천신(동진보살)

수미해주 須彌海住

호거산 운문사에서 성관 스님을 은사로 출가, 석암 대화상을 계사로 사미니계 수계, 월하 전계사를 계사로 비구니계 수계, 계룡산 동학사 전문강원 졸업, 동국대학교 불교대학 및 동 대학원 졸업, 철학박사, 가산지관 대종사에게서 전강, 동국대학교 불교대학 교수, 동학승가대학 학장 및 화엄학림 학림장, 중앙승가대학교 법인이사 역임.
(현) 수미정사 주지, 동국대학교 명예교수.
저·역서로『의상화엄사상사연구』,『화엄의 세계』,『정선 원효』,『정선 화엄 1』,『정선 지눌』,『법계도기총수록』,『해주스님의 법성게 강설』등 다수.

사경본 한글역
대방광불화엄경 제40권

| 초판 1쇄 발행_ 2024년 1월 24일

| 엮은이_ 수미해주
| 엮은곳_ 수미정사 불전연구원
| 편집위원_ 해주 수정 경진 선초 정천 석도 박보람 최원섭
| 편집보_ 무이 무진 지욱 혜명

| 펴낸이_ 오세룡
| 펴낸곳_ 담앤북스
　　　　서울특별시 종로구 새문안로3길 23 경희궁의 아침 4단지 805호
　　　　대표전화 02)765-1251　전자우편 dhamenbooks@naver.com
　　　　출판등록 제300-2011-115호
| ISBN_ 979-11-6201-456-1　04220

이 책은 저작권 법에 따라 보호받는 저작물이므로 무단전재와 복제를 금합니다.
이 책 내용의 전부 또는 일부를 이용하려면 반드시 저작권자와 담앤북스의 서면 동의를 받아야 합니다.

정가 10,000원
ⓒ 수미해주 2024